BEI GRIN MACHT SICH IHR
WISSEN BEZAHLT

- Wir veröffentlichen Ihre Hausarbeit,
  Bachelor- und Masterarbeit

- Ihr eigenes eBook und Buch -
  weltweit in allen wichtigen Shops

- Verdienen Sie an jedem Verkauf

Jetzt bei www.GRIN.com hochladen
und kostenlos publizieren

Kovarationsmodell, Attribitionsfehler und Sensation Seeking

Valentin Rübensal

Bibliografische Information der Deutschen Nationalbibliothek:

Die Deutsche Nationalbibliothek verzeichnet diese Publikation in der Deutschen Nationalbibliografie; detaillierte bibliografische Daten sind im Internet über http://dnb.d-nb.de abrufbar.

ISBN: 9783346511294
Dieses Buch ist auch als E-Book erhältlich.

Druck und Bindung: Books on Demand GmbH, Norderstedt Germany
Gedruckt auf säurefreiem Papier aus verantwortungsvollen Quellen

Das vorliegende Werk wurde sorgfältig erarbeitet. Dennoch übernehmen Autoren und Verlag für die Richtigkeit von Angaben, Hinweisen, Links und Ratschlägen sowie eventuelle Druckfehler keine Haftung.

Das Buch bei GRIN: https://www.grin.com/document/1137476

Einsendeaufgabe

Modul-Sonderprüfung zu Persönlichkeits- und Sozialpsychologie – Alternative A

abgegeben am 30.06.2021 über den Online-Campus

SRH Fernhochschule

Modul: Persönlichkeits- und Sozialpsychologie (MPSPSY)

Studiengang: Wirtschaftspsychologie, Leadership und Management M.Sc.

von

Valentin Rübensal

Studiengang: Wirtschaftspsychologie, Leadership & Management M.Sc.

2

Inhaltsverzeichnis

3

1. Aufgabe 1: Das Kovariationsmodell von Kelly anhand eines Assessment-Centers

Viele Menschen wollen verstehen, was und vor allem wie ihre Mitmenschen denken, was die Ursachen für deren Verhalten sind und warum diese sich in bestimmten Situationen so verhalten, wie sie es eben tun. Tatsächlich ist die Ursache für die meisten Konflikte, dass wir die Beweggründe unseres Gegenübers nicht nachempfinden können, beziehungsweise dass sich uns diese nicht vollumfänglich erschließen. Somit würde das Erkennen von Handlungsmotiven in vielen Fällen zu mehr Verständnis bei den Beobachtern führen. Allerdings ist die menschliche Psyche so komplex, dass es oft sehr schwerfällt, von etwas Beobachtbarem auf die Hintergründe des Handelns schließen zu können. Dennoch passiert es täglich, dass wir das Verhalten von Anderen bewerten und ihm vermutete Hintergründe zuordnen. Diese Form der Erklärung liegt in der menschlichen Natur und hilft uns, besser mit den Herausforderungen des Alltags zurecht zu kommen.[1]

Die Zuschreibung bestimmter Ursachen zu einem beobachtbaren Verhalten nennt sich Attribution und erfolgt nicht willkürlich, sondern kann anhand bestimmter Merkmale nachvollzogen werden. Eine der bekanntesten Theorien zu dieser Form der Eindrucksbildung ist das Kovariationsmodell von Harold H. Kelley aus dem Jahr 1967.[2]

Die Theorie geht davon aus, dass Menschen anhand von gesammelten Informationen zu mehr oder weniger vergleichbaren Ereignissen Schlussfolgerungen treffen. Dabei erfolgt ein Urteil immer aufgrund der vorliegenden Kovariation und Korrelation, das heißt aufgrund der Tatsache, dass ein bestimmtes Ereignis immer gleichzeitig mit bestimmten Bedingungen auftritt oder diese Bedingungen eben gerade nicht gegeben sind.

Nach Kelley gibt es drei Dimensionen, die wir bei der Bewertung und Erklärung von Handlungen heranziehen. Diese sollen im Folgenden anhand von einem Schüler erläutert werden, der Vokabeln lernt. Wir beobachten, wie sowohl er als auch andere Schüler mehrere Sätze übersetzen.[3]

- Die Distinktheit beschreibt die Abhängigkeit einer Handlung von dem Objekt. Wenn ein gleicher Effekt bei mehreren, ähnlichen Objekten beobachtbar ist, liegt eine geringe Distinktheit vor. Demgegenüber ist die Distinktheit sehr hoch, wenn ein Objekt einen sich von den anderen unterscheidenden Effekt aufweist.

[1] Vgl. Raab/Unger/Unger (2016), S. 87; Orth (2018), S. 47
[2] im Folgenden: Vgl. Orth (2018), S. 48-53; Von der Assen (2016), S. 91-92; Treier (2019), S. 348; Heckhausen/Heckhausen (2018), S. 463-489; Raab/Unger/Unger (2016), S. 93-96; Jonas/Stroebe/Hewstone (2014), S. 72-78; Aronson/Wilson/Akert (2014), S. 114-115
[3] Vgl. Heckhausen/Heckhausen (2018), S. 470

Anhand des Schülers wäre die Distinktheit demnach besonders hoch, wenn er nur bei einem bestimmten Satz Probleme hat. In diesem Fall wäre der Effekt des Misserfolges beim Lernen auf die Beschaffenheit des Satzes zurückzuführen.

- Der Konsensus wird durch die Abhängigkeit von Personen beeinflusst. Wenn mehrere Personen unabhängig voneinander den gleichen Effekt erhalten, ist der Konsensus entsprechender höher, als wenn ein Einzelner sich im Effekt von anderen unterscheidet. Hat der Schüler als Einziger aus seiner Klasse Probleme dabei, die Sätze zu übersetzen, läge die Ursache in der Person des Schülers. Haben alle Schüler Probleme mit den Übersetzungen, ist die Ursache des Misserfolges nicht auf die Personen zurückzuführen.

- Letztlich deutet eine hohe Konsistenz darauf hin, dass ein Effekt zeitlich überdauernd auftritt, während eine niedrige Konsistenz vorliegt, wenn der Effekt lediglich zeitspezifisch auftritt.[4] Hat unser Schüler immer Probleme mit Übersetzungen, ist der Misserfolg konsistent. Kovariation liegt hingegen vor, wenn die Probleme zum Beispiel nur am Nachmittag auftreten.

Bei der Beobachtung achten wir also darauf, ob ein Effekt bei mehreren Personen gleich auftritt, ob er sich in verschiedenen Situationen unterscheidet und ob er zeitlich überdauernd ist. Dabei bezeichnet Kovariation immer das atypische Auftreten des Effekts, abweichend von anderen Objekten, Personen oder Situationen.[5] Der nun so oft genannte Effekt kann dabei unter anderem eine Emotion oder Verhaltensweise, wie Aggression oder Freundlichkeit, aber auch wie im Beispiel des Lernens Leistung, Erfolg oder Misserfolg sein.

Anschaulicher wird das Modell, wenn man es im Gesamtkontext auf ein praktisches Beispiel bezieht. Bei Bewerbungsverfahren ist es mittlerweile üblich, dass ein sogenanntes Assessment Center (AC) durchgeführt wird. Dabei wird meist eine Reihe von Bewerbern eingeladen, denen dann in simulierten Situationen Aufgaben und Fragen gestellt werden. Anhand des Verhaltens bei der Problemlösung und der gegebenen Antworten soll dann die Eignung des Bewerbers zur zu besetzenden Stelle ermittelt werden. Zumeist sind für die beruflichen Anforderungen einer Stelle konkrete Verhaltensweisen oder Denkperspektiven besonders gefragt. Eine Simulation ermöglicht es den Prüfern, die eingeladenen Bewerber in Bezug auf eben diese Anforderungen zu testen.

Nehmen wir nun an, dass für die Personalauswahl einer Teamleitungs-Stelle fünf Bewerber eingeladen wurden. Als Anwärter für eine zukünftige Führungsposition

---

[4] Vgl. Garms-Homolová (2020), S. 18-19
[5] Vgl. Heckhausen/Heckhausen (2018), S. 49-81, S. 207-211 und S. 290-291

erwartet die Personalabteilung, dass die Bewerber eine Gruppe anführen können, die Bedürfnisse der Mitglieder verstehen und damit umgehen können. Dies wird im Rahmen des AC durch ein Gruppenrollenspiel dargestellt. Die Bewerber bekommen jeweils den Auftrag, ein Konzept zu einem für das Unternehmen fachlich einschlägigen Projekt zu entwickeln. In den verschiedenen Projektplanungen wird jeweils einer der Aspiranten als Gruppenführung ernannt, um zu prüfen, wie sich diese Person in einer Führungssituation verhält. Es ist anzumerken, dass es in diesem Kontext erst einmal kein grob falsches Verhalten gibt, sondern dass lediglich der Führungsstil ermittelt werden soll, um im Nachhinein zu prüfen, welcher der Kandidaten am besten in das bereits bestehende soziale Gebilde der Abteilung passt.

Bewerber Nummer 1 unterbricht als Einziger seine Mitwerber sowohl in der Führungsrolle als auch als Mitarbeiter jedes Mal, wenn das Thema Nachhaltigkeit zu sprechen kommt. Man kann also sagen, dieses Verhalten ist konsistent und kovariiert nicht mit der Zeit, da diese Person das Verhalten zu verschiedenen Zeitpunkten gezeigt hat. Der Effekt kovariiert ebenso nicht mit der Situation, weil er in beiden gestellten Szenarien auftritt. Unterschiede lassen sich jedoch bei dem Thema und bei der Person beobachten, es besteht demnach kein Konsensus. Dieser bestimmte Bewerber verhält sich differenziert zu den Anderen, weil er immer bei dem spezifischen Thema Nachhaltigkeit emotional reagiert. Daraus lässt sich schließen, dass das Thema eine besondere Bedeutung für ihn hat. Diese könnte man in einem darauffolgenden Einzelgespräch erörtern. Ferner dessen lässt sich ableiten, dass der Bewerber eher dominant und proaktiv führt, wenn es um Themen geht, die ihn bewegen. Diese Eigenschaft kann insofern nützlich sein, dass hier Motivation und Engagement für das Unternehmen kein Thema sind, wenn den Bewerber das Motiv der Organisation berührt. Zudem zeigt ein solches Verhalten, dass der Kandidat sich nicht scheut, sich für eine Sache einzusetzen, selbst wenn eben kein Konsensus in der Gruppe herrscht.

Bei der nächsten Aufgabe – dem Planen eines Digitalisierungsprozesses – reagiert der Gruppenführer mit Ablehnung. Er sträubt sich gegen Vorschläge und erstickt alle Bemühungen seiner Mitarbeiter im Keim. Die Mitarbeiter der Personalabteilung wundern sich, da er bisher sehr verständnisvoll war und versucht hat, die Interessen aller zu berücksichtigen. Nach der Kovariationstheorie liegt der Hintergrund des Verhaltens womöglich in der Eigenschaft des Bewerbers sowie in der Beschaffenheit der Aufgabe selbst, da dieser sich in der ihm gestellten Situation anderes als seine Mitbewerber verhält und dies eben nur bei dem aufgekommenen Thema der Digitalisierung. Aufgabe der Personalabteilung wäre es hier, den Aspiranten auf seine Abneigung zum Thema Digitalisierung anzusprechen. Handelt es sich hier um eine persönliche Meinung oder ist er lediglich überfordert mit der Situation? Ist er genervt von dem Trend der Digitalisierung und Modernisierung oder kann er nicht mit der Geschwindigkeit des Wandels mithalten? Bei einer vorschnellen Interpretation oder unvollständigen Informationsbeschaffung in Form des Nachfragens kann es zu Attributionsverzerrungen kommen (siehe Kapitel 2), die hier zu Lasten des Bewerbers erfolgen würde. Beobachtet werden kann nämlich nur, dass der auftretende Effekt mit der Person, der Zeit sowie der Aufgabe kovariiert. Es liegt hohe Distinktheit, aber kein Konsensus und keine Konsistenz vor.

Anders verhält es sich, wenn der dritte Kandidat an der Reihe ist. Dieser hatte sich in den beiden vorangegangenen Aufgaben immer gut eingebracht, ist nun aber sehr ruhig, als er die Gruppe führen soll. Der zu beurteilende Effekt ist also hier kein aktives Verhalten, sondern die sich vom bisherigen Handeln unterscheidende Passivität. Alle anderen Bewerber wollten die Rolle der Führungskraft nutzen, um sich von der anderen abzuheben und ihre Fähigkeit unter Beweis zu stellen. Daher gilt es hier herauszufinden, woran die Untätigkeit des Kandidaten liegt. Eine zurückhaltende Rolle als Führungskraft kann dafür sprechen, dass diese besonders gut zuhört und sich eher in der Position des Moderators sieht. Dies kann sehr hilfreich sein, wenn in einer Abteilung beispielsweise viele Fachexperten zusammenkommen und die Führungskraft selbst eine reine Leitungsfunktion innehält. Andererseits kann die Zurückhaltung auch daran liegen, dass der Bewerber bisher selbst eine gute Fachkraft war und noch nicht die nötigen Kompetenzen erworben hat, um als Führungskraft einzusteigen. Empfehlenswert wäre es, dem Kandidat andersartige Führungsaufgaben im Rahmen des ACs zu stellen. Zu prüfen wäre unter anderem, ob er schnelle und konsequente Entscheidungen treffen, schlechte Botschaften überbringen und unternehmensinterne Regelungen durchsetzen kann.

Bei der folgenden Aufgabenstellung kommt die Diskussion ins Stocken. Die Bewerber schauen sich an und trauen sich nicht, das Wort zu ergreifen. Klar ersichtlich ist, dass das Verhalten im Konsensus erfolgt, sich also alle gleich verhalten. Der Effekt kovariiert zudem mit Zeit und Situation, da dies die erste Aufgabe ist, bei der sich keiner der Anwesenden zu Wort meldet. Dies kann zur Ursache haben, dass die Formulierung der Aufgabenstellung unklar ist und dass sie ganz einfach nicht verstanden wird. Möglich wäre allerdings auch, dass es sich um ein sehr kontroverses Thema handelt, bei dem niemand etwas Falsches sagen will. Hier hat der Bewerbungsleiter einzugreifen, indem er den Bewerbern die Aufgabe nochmals erklärt und alle Unklarheiten beseitigt.

Auch bei der letzten Fragerunde gibt es eine Abweichung beim Verhalten der Führungskraft. Diese hat bisher als Mitarbeiter immer sehr umfassende und gewissenhafte Antworten gegeben, hat sich viel Zeit genommen und hatte große

7

Redeanteile. Bei dieser Runde gibt er jedoch nur sehr kurze Antworten, schaut oft auf die Uhr und reagiert leicht genervt. Auch dieses Verhalten kovariiert mit der Situation, der Person und der Zeit und kann daher mehrere Ursachen haben. Einerseits kann das Verhalten durch ein Werte- und Rollenverständnis geprägt sein, nach dem die Mitarbeiter Vorschläge bringen und die Führungskraft diese lediglich bewertet und auswählt. Das gezeigte Verhalten lässt jedoch insbesondere aufgrund des fortgeschrittenen Zeitpunktes des ACs eher darauf schließen, dass der Bewerber weitere Termine und es somit eilig hat. Dies könnte der Bewerbungsleiter schnell abfragen, um sicher zu gehen, dass auch hier keine Fehlinterpretation stattfindet und sich der Bewerber ohne Zeitdruck von seiner besten Seite zeigen kann.

Die beschriebenen Beispiele zeigen, dass die Beobachtungen in einem AC sehr viele unterschiedliche Bewertungen und Interpretationen zulassen. Mithilfe des Kovariationsmodells lassen sich die gewonnenen Informationen ordnen und in einen Kontext bringen.[6] Durch die Dimensionen Distinktheit (Situation/Aufgabe/Thema), Konsensus (Person) und Konsistenz (Zeit) ist es der Personalabteilung möglich, differenzierte Urteile zu den Führungsstilen und somit zur Eignung der Bewerber für die zu besetzende Stelle zu treffen. Sind alle Nachfragen durchgeführt und die Gesamtschau abgeschlossen, kann so eine für das Unternehmen schlüssige und für die Aspiranten nachvollziehbare Auswahl getroffen werden.

Abschließend bleibt anzumerken, dass eine Bewerbungssituation immer außergewöhnlich ist und dass sich die Bewerber losgelöst von ihrem Alltag vorbereiten und emotional sowie motivational darauf eingestellt sind, bei den Aufgaben kontrolliert und beobachtet zu werden. Die Bewerber können Verhaltens- und Denkweisen zeigen, die eher untypisch sind und nur zur Verbesserung des persönlichen Eindrucks gezeigt werden.[7] Das AC beugt hier zumindest teilweise vor, da durch die Diskussion und Bearbeitung von Aufgaben in einer Gruppe das rationale Hinterfragen des eigenen Handelns ausgebremst werden kann. Dennoch sollte die Personalabteilung bei der Interpretation des Verhaltens im Hinterkopf behalten, dass es sich hierbei um eine außerordentliche Situation handelt, und sich der Berufsalltag somit stark davon unterscheiden kann.

[6] Vgl. Garms-Homolová (2020), S. 47-58; Raab/Unger (2016), S. 224-225
[7] Vgl. Kessler/Fritsche (2018), u.a. S. 53-67

2. Aufgabe 2: Attributionsfehler und Gegenmaßnahmen im Bewerbungsprozess

Grundlage für die oben erklärte Kovariaton nach Kelley ist – wie in Kapitel 1 beschrieben – die kontinuierliche Suche des Menschen nach Antworten bei der Beobachtung seiner Umstände und der Beweggründe für das Verhalten anderer. Durch unsere Wahrnehmung sammeln wir Informationen, die wir dann im Anschluss verstehen, in einen Kontext bringen, und vernetzen wollen. Die gesammelten Daten ermöglichen es uns, Situationen einschätzen zu können und so bessere Entscheidungen zu treffen. In der Evolution war diese Fähigkeit sogar überlebenswichtig, da wir nur durch die vorgenommene Interpretation der Informationen der Umwelt einschätzen konnten, ob eine Situation gefährlich ist und ob konkreter Handlungsbedarf besteht. Obwohl uns heutzutage kaum noch lebensbedrohliche Gefahren begegnen, werden Situationen von unserem Gehirn permanent eingeordnet und sortiert. Da wir jedoch nicht immer alle nötigen Informationen zu Verfügung haben, führt die Attribution von Ursachen oft zu vorschnellen oder verfälschten Urteilen: Es kommt zu sogenannten Attributionsfehlern.[8]

Es gibt Prozesse bei der Ursachenzuschreibung, die in vielen Situationen und bei vielen verschiedenen Personen gleich ablaufen und auf die wir geringen Einfluss haben. Diese Verzerrungen nennt man fundamentale Attributionsfehler und sie erschließen sich uns, wenn wir eine Begebenheit als unbeteiligte Dritte beobachten. So fällen wir oft das Urteil, dass Menschen selbst anstelle der Umwelt für etwas verantwortlich sind. Wenn wir bei dem Schüler aus Kapitel 1 bemerken, dass er viele Fehler macht und die Sätze nicht versteht, liegt es nahe, dass der Schüler selbst nicht die gestellten Anforderungen erfüllt. Diese Bewertung fällt uns wesentlich leichter, als das Niveau der Übersetzungsaufgaben oder andere äußere Umstände für die schlechte Leistung verantwortlich zu machen. Teilweise halten wir an dieser Zuschreibung sogar fest, wenn bereits klar ist, dass die Ursache für das Geschehen external ist. Diese Tatsache macht diese Art der Verzerrung fundamental und kann mehrere Effekte zur Grundlage haben.

Der Halo-Effekt besagt beispielsweise, dass die Auffälligkeit (Salienz) eines Reizes das Gesamturteil überstrahlt. Nehmen wir an einer der Bewerber im AC erscheint in Sportklamotten, während alle anderen im Anzug antreten. Die Bewerbungsleiter stören sich so an dem äußeren Erscheinungsbild des Bewerbers, dass alles Gesagte seine Wertung verliert. Die Kleidung des Kandidaten führt somit dazu, dass jede Leistung bei den Aufgaben ausgeblendet wird. Bei der Auswahl des Bewerters, welcher Reiz auffällig ist, spielen viele kognitive Faktoren eine Rolle. Der Beobachter wählt oft unbewusst und

---

[8] im Folgenden: Vgl. Kessler/Fritsche (2018), S. 42-49; Orth (2018), S. 53-55; Von der Assen (2016), S. 92

aufgrund persönlicher Einstellungen Merkmale aus, die für oder gegen den Bewerber sprechen. Aus diesem Grund spielt die nonverbale Ebene und die Sympathie des Bewerbers zu den Personalmitarbeitern eine große Rolle und potenzielle Aspiranten sollten sich genau überlegen, wodurch sie sich von den anderen abheben. Aus der Masse herauszustechen kann ein Vorteil sein, aber auch einen schlechten Eindruck hinterlassen.

Beim Falscher-Konsensus-Fehler entsteht wiederum eine Diskrepanz zwischen unseren Erwartungen und dem tatsächlich beobachteten Verhalten eines Bewerbers. Um uns möglichst auf jedes Szenario vorzubereiten, spinnt unser Kopf verschiedene Konstellationen, um sich bereits vor einem Ereignis eine Lösung dafür zu überlegen. Wir versuchen also – gerade in unsicheren Situationen – die Zukunft vorauszusagen und uns so bestmöglich darauf vorzubereiten. Diese Vorhersage erfolgt aufgrund unseres Wissens und unserer Erfahrung aus der Vergangenheit und orientiert sich oft auch daran, wie wir uns selbst verhalten würden, basiert also auf unseren Werten. Wenn sich ein Bewerber nun völlig anders verhält, als wir es erwarten oder es selbst in diesem Moment tun würden, kann dies zu einer negativen Bewertung führen, ohne die tatsächlichen Hintergründe des Geschehens zu hinterfragen. Im Bewerbungsprozess bildet sich der Verfahrensleiter bereits sein erstes Urteil beim Eingang der Bewerbung. Aufgrund der Formulierungen im Anschreiben, der Angaben im Lebenslauf und eventuell eines Lichtbildes entsteht eine Erwartung, wie diese Person gestrickt ist und wie sie sich verhält. Oft kommt es sogar hier bereits zu einer ersten Prüfung der Eignung für die Stelle.

Doch neben fundamentalen Denkfehlern gibt es noch viele weitere Faktoren, die die Umwandlung von beobachteten Informationen zu gesicherten Interpretationen stören können.

Das Akteur-Beobachter-Phänomen beschreibt, dass wir zwar fremdem Handeln internale Ursachen unterstellen, bei uns selbst jedoch eher externale Ursachen zu Grunde legen. Wir beobachten, dass einer der Bewerber einen seiner Mitstreiter ignoriert, während er mit den anderen offen diskutiert. Leicht fällt hier das Urteil, die Person wäre unfreundlich oder unaufmerksam, das Verhalten wird direkt den Eigenschaften der Person selbst zugeschrieben. Erfahren wir jedoch, dass der Mitbewerber seinen Kontrahenten zuvor beleidigt hat, wird das Verhalten nachvollziehbar und daher auch weniger negativ bewertet. Diese Art Verzerrung entsteht – wie viele andere auch – durch ein Defizit an Informationen. Wenn wir selbst Handeln kennen wir den Großteil der Hintergründe und können uns bewusst für die Alternative entscheiden, die uns am besten erscheint. Entscheidungen von Anderen bewerten wir jedoch aus einer anderen Perspektive, uns fehlen kritische Informationen, insbesondere über die internen Zustände der Person. Die dadurch entstandene Lücke schließen wir, indem wir Vermutungen darüber anstellen, was in der Person gerade vorgehen könnte. Aus diesem Grund ist der Blickwinkel bei einer Beobachtung sehr einflussgebend für die Art der Interpretation. Vorschnelle Urteile führen ebenso zu Fehlern, wie eine zu stark hypothetisch konstruierte Situation.

Doch die Attribution von Eigenschaften und Umständen kann auch bei der Selbsteinschätzung misslingen. Nach dem Effekt des blinden Flecks sehen wir oft eigene Defizite nicht, die wir bei anderen entdecken würden. Der Wunsch nach Erfolg, gepaart mit dem biologischen sowie psychologischen Drang des Menschen nach Belohnung und Befriedigung, und dem Vermeiden von Niederlagen, führt dazu, dass wir unseren eigenen Fehlern Ursachen in unserer Umwelt zuschreiben. Die umgangssprachlich genannte "Betriebsblindheit" sorgt auch dafür, dass wir die Verantwortung an unserem Handeln abgeben und Merkmalen die Schuld an unserer Leistung geben, auf die wir selbst keinen Einfluss haben. Die tatsächlichen Gründe des Scheiterns werden ausgeblendet und verneint.

Eine weitere Verzerrung besteht im Glauben an eine gerechte Welt. Gutes widerfährt denen, die sich gut verhalten, und umgekehrt. Weil wir uns selbst teilweise als unfehlbar ansehen, fragen wir, warum gerade uns schlechte Dinge widerfahren. Wenn uns etwas Gutes passiert, schreiben wir dieser Wirkung oft das eigene Handeln als Ursache zu, obwohl dies nicht zwingend der Wahrheit entspricht. An dieser Stelle stellt sich ohnehin die Frage, was als gut und schlecht bewertet werden kann. Aufgrund des persönlichen Werteverständnisses jedes Einzelnen kann dies nämlich sehr unterschiedlich aussehen. Weniger Diskussionsbedarf besteht bei festgeschriebenen Normen, Gesetzen und Regeln. Daher wird normkonformes Verhalten oft wohlwollender bewertet, als das bewusste oder unbewusste Verstoßen gegen Normen. Wissenschaftlich wird dieser Effekt auch als Diagnostizität bezeichnet. Bei einem Bewerbungsgespräch kann dies insofern eine Rolle spielen, als dass beobachtetes Verhalten außerhalb des Bewerbungsrahmens unbewusst in die Bewertung eines Aspiranten mit einfließt. Hat der Bewerbungsleiter vor dem Termin beobachtet, dass einer der Kandidaten im Parkverbot geparkt hat, so könnte von vornherein ein negativer Eindruck entstehen.

Bemerkenswert ist auch, dass der Bewerbungsleiter – sofern ihm die Attributionsverzerrung aufgrund des Falschparkens nicht bewusst ist – sehr wahrscheinlich nach Momenten und Aussagen im Verhalten des Bewerbers suchen wird, die seine Annahme bestätigen. Die Wahrnehmung wird so fokussiert und selektiert, dass positives Verhalten geringer ins Gewicht fällt als negatives.[9] Dass diese Form der Wahrnehmungsverzerrung fatale Auswirkungen auf die Bewertung und somit auch die Auswahl der Bewerber hat, steht außer Frage.

Attributionsverzerrungen begegnen uns in vielen Lebenslagen, beeinflussen die Art, wie wir unsere Umwelt sehen und führen oft zu fehlerhaften, unvorteilhaften Bewertungen für uns selbst oder Andere. Im Bewerbungsprozess kann eine falsche Zuschreibung von Ursachen dazu führen, dass ein Anwärter nicht eingestellt wird, der eigentlich geeignet wäre. Vor allem vor dem Hintergrund, dass Bewerber diese Wahrnehmungsdifferenzen nutzen können, um sich selbst in ein besseres Licht zu rücken, sollte auf eine möglichst neutrale Sicht der Bewerbungsleiter geachtet werden.

Weil Beobachtungs-, Bewertungs- und Zuschreibungsfehler in der Praxis nicht vollständig verhindert werden können, sollte eine Personalauswahl immer mit Abstand und unter Hinzuziehung Unbeteiligter erfolgen. Die endgültige Auswahl des zukünftigen Mitarbeiters sollte in jedem Fall zeitlich und örtlich vom Bewerbungsgespräch getrennt werden. Daher dienen die Durchführenden oft als Informationssammler, die vor Ort alle nötigen Beobachtungen anstellen, Hintergründe erfragen und Unklarheiten beseitigen. Die Ergebnisse des ACs sollen anschließend von der Leitung in Zusammenarbeit mit Betreuern der zu besetzenden Stelle ausgewertet und hinterfragt werden. Auch hier ist jedoch selbstverständlich auf kognitive Prozesse zu achten.

Um alle beteiligten Mitarbeiter vorzubereiten und Verzerrungen möglichst nachhaltig vorzubeugen, ist der erste Schritt die Wissensvermittlung. Unbewusstes Verhalten in die Aufmerksamkeit der Mitarbeiter zu holen, stößt in der Regel den Prozess an, eigenes Handeln zu hinterfragen und sich nicht wie oben beschrieben als unfehlbar anzusehen. Das Wissen über Attributionsverzerrung kann den Bewerbungsleitern, aber auch den Personalleitern helfen, achtsam für diese Phänomene zu werden. Ausreichende und fundierte Schulungen zu diesem Thema sollten daher in jeder Personalentwicklung enthalten sein.

Hilfreich ist es auch, eine konsequente und tolerante Fehler- und Feedbackkultur einzuführen. Durch regelmäßige ehrliche, zeitnahe und konstruktive Rückmeldungen kann in einem Unternehmen eine Lernkurve angestoßen werden. Durch kollektive Entwicklung einer einheitlichen Unternehmenskultur, in der Fehler akzeptiert werden und ein permanentes Streben nach Verbesserung selbstverständlich ist, werden Mitarbeiter aktiver an das Thema der Selbstoptimierung herangeführt. Die Fähigkeit der

---

[9] Vgl. Orth (2018), S. 82

Belegschaft, eigene Fehler im Handeln und Verzerrungen in der Wahrnehmung zu erkennen, wird verstärkt und das Auftreten dieser Differenzen somit minimiert.

Letztendlich führt das Bewusstsein über Ursachenzuschreibungen auch dazu, dass eine neutrale Perspektive eingenommen und Emotionen weitestgehend außen vorgelassen werden können. Wenn sich ein Mitarbeiter in Bewertungen verliert, sollte er Abstand nehmen und die Situation so betrachten, wie sie sich ihm erschließt. Es geht in einem AC im ersten Schritt darum, die Bewerber so neutral wie möglich zu beobachten und Fakten über deren Verhalten und Führungsstile zu erlangen.

Weiterführende Interpretationen finden dann anhand der gesammelten Ergebnisse statt und können kritisch in beide Richtungen geführt werden. Daher ist es für den Personalleiter wichtig, dass möglichst viele Informationen so unverfälscht wie möglich gesammelt werden.

Doch auch wenn die Betrachtung immer neutral erfolgen sollte, so sind Emotionen und Instinkte nicht vollumfänglich zu vernachlässigen. Alle oben beschriebenen Tendenzen sind evolutionsbiologisch begründet und tief im Handeln und Denken der Menschen verankert. Das Vorhandensein von automatischen Bewertungsprozessen hat seinen Sinn und kann den Bewerbungsleitern helfen, klarere Entscheidungen zu treffen. Allerdings müssen Vermutungen, Bauchgefühle und Tendenzen klar als solche gekennzeichnet und bewertet werden. Aus diesem Grund ist es sinnvoll die Beobachter des Bewerbungsgespräches verschiedene Wahrnehmungsbereiche zuzuordnen: Während ein Mitarbeiter die Kommunikation betrachtet, kann ein anderer die Körpersprache analysieren. Gelingt den Durchführenden, die Bewerber neutral zu beobachten und ihre emotionalen Reaktionen in die Protokollierung mit einfließen zu lassen, ist eine für das Unternehmen vorteilhafte Entscheidung möglich.

Zuletzt bleibt zu sagen, dass auch Personalentscheidungen nur mit den zum Zeitpunkt des Bewerbungsverfahrens vorhandenen Informationen getroffen werden kann. In der Praxis ist es unmöglich, alle Faktoren einer Entscheidung zu überblicken und es besteht immer ein Risiko, dass sich die Entscheidung im Nachhinein als falsch herausstellt. Doch dieser Fakt sollte das Unternehmen nicht daran hindern, zeitnahe und konsequente Entscheidungen zu treffen.

13

3. Aufgabe 3: Das Phänomen des "Sensation Seeking" nach Zuckerman

Der Mensch als kognitiv am höchsten entwickeltste Lebensform strebt nach mehr als der bloßen Existenz. Während wir am Beginn der Menschheit noch jeden Tag um das Überleben kämpfen mussten, ist es heute für viele Menschen selbstverständlich, jeden Tag aufzustehen, mit Wasser und Nahrung versorgt und in Sicherheit zu sein. Nachdem also unsere tiefsten Bedürfnisse gedeckt sind, entsteht in uns der Drang nach Erfahrungen. Wir wollen Lernen, erleben und uns weiterentwickeln.

Dieser Wunsch nach Erregung wird von dem Psychologen Marvin Zuckerman in der Theorie zum Sensation Seeking beschrieben und erklärt.[10] Erlebnisse und Erfahrungen sind immer mit Herausforderungen oder Risiken verbunden. Diese können physischer in Form von Schmerzen, psychischer in Form von kognitiven Belastungen oder sozialer Natur in Form von Zurückweisung oder gesellschaftlicher Beurteilung sein. Wir treffen also immer eine Abwägung zwischen der möglichen Sensation, also dem erwarteten Gewinn, und den in Kauf zu nehmenden Belastungen. Dabei findet diese Überlegung zumeist unbewusst und automatisch statt, ohne dass wir darin eingreifen. Wofür wir uns entscheiden, hängt nach Zuckerman zu einem Großteil von unseren genetischen kognitiven Voraussetzungen ab.

Aufgrund mehrjähriger Forschung und Erhebungen zu dieser Theorie ist es möglich, zwei Erregungstypen zu kategorisieren: Den High-Sensation-Seeker und den Low-Sensation-Seeker. Während der erste ein von Natur aus niedrigeres Erregungsniveau aufweist, lässt sich bei dem zweiten Typen ein entsprechend höheres feststellen. Daraus folgt, dass der High-Sensation-Seeker nach Erregung im Außen sucht, während der Low-Sensation-Seeker Erregung vermeidet.

Das Erregungsniveau lässt sich dabei nicht quantifizieren, aber anhand von Magnetresonanzen und anderer neurowissenschaftlicher Methoden messen. Jeder Mensch hat ein optimales Erregungsniveau, auf dem er erfüllt und glücklich ist. Dieser Idealzustand wird durch das Denken und Handeln angestrebt, und auch wenn sich der eigene Erregungszustand bei sich selbst nicht beschreiben lässt, so merkt man oft ein Verlangen, etwas zu tun oder zu erleben. So gibt es Menschen, die nicht stillsitzen können, während es andere gibt, denen es nicht monoton genug sein kann.

Auch welche Form der Erregung uns anspricht, lässt sich anhand der Theorie erklären: Die Kategorie der Thrill and adventure Seeker (TAS) erfährt Befriedigung durch

---
[10] im Folgenden: Vgl. Becker (2014), S. 64-65; Welte-Bartholdt (2015), S. 29-30; Beniermann/Bauer (2019), S. 106-109; Raab/Unger/Unger (2016), S. 175-184; Zuckerman (1987)

14

körperliche, riskante Aktivitäten und ungewöhnliche Abenteuer. Personen dieses Spektrums wollen physisch gefordert sein und mit ihrem Körper immer neue Erfahrungen machen. Gute Beispiele hierfür sind Extremsportler und Reisende.

Etwas unterschiedlich hierzu sind die Experience Seeker (ES). Diesen Menschen geht es um sensorische Stimulation, kognitive Entwicklung und unkonventionelle Erfahrungen jeder Art. Menschen dieser Art fordern sich gerne durch Musik, Kunst, fremde Kulturen, Spiritualität und auch Drogen. Während die vorangegangene Gruppe überwiegend körperliche Tribute zahlt, geht diese sowohl soziale als auch kognitive Risiken ein – je nach Ausprägung der Sensationslust.

Disinhibition Seeker (DS) legen besonderen Wert auf soziale Erregung und Suchen daher nach Kontakt zu anderen Menschen. Personen dieser Kategorie scheuen keine Kosten und Mühen, um Andere zu treffen und zu interagieren. Soziale Risiken werden von dieser Personengruppe weitestgehend vermieden.

Entgegen der bisherigen Arten – die alle hin zu einer spezifischen Art der Erregung motiviert waren – treibt die Gruppe der Boredom Susceptibility (BS) eine Motivation an, die weg von Langeweile und Routine führt. Das Leben dieser Menschen ist geprägt von Unbeständigkeit und Abwechslung. Monotonie wird hier um jeden Preis verhindert, unabhängig von den sozialen, psychologischen oder physischen Folgen.

Die vier genannten Personenkategorien stellen auch die Dimensionen des Sensation Seeking Scales (SSS) dar, einen Fragebogen, mit dessen Hilfe Menschen einordnen können, welcher Gruppe sie angehören.[11] Anhand von 20 Fragen wird in den zwei Richtungen "Bedürfnis nach Stimulation" und "Vermeidung von Monotonie" ermittelt, in welchen Dimensionen der Befragte die höchsten Werte aufweist.

Einen hohen Wert würde beispielsweise eine Person ergeben, die kontinuierlich nach neuen Erfahrungen sucht, sich in einem gewöhnlichen Berufsalltag mit hierarchischer Struktur nicht wohl fühlt und Verpflichtungen jeder Art vermeidet. Diese Person wäre mehr als andere bereit, soziale Rollen zu vernachlässigen, finanzielle Vorteile oder einen bestimmten Lebensstandard aufzugeben und physische oder psychologische Beeinträchtigungen in Kauf zu nehmen, um neue Erfahrungen zu sammeln.

Ein fiktives Beispiel hierfür wäre der Surflehrer Elias. Er ist 25 Jahre alt, lebt dieses Jahr auf Hawaii und genießt sein Leben jeden Tag. Mit 16 hat er die Schule abgebrochen, ist für zwei Jahre nach Australien, um zu reisen und hat dort das Surfen für sich entdeckt. Seitdem reist er um die Welt, probiert neue Sportarten aus, lernt jeden Tag neue

---

[11] Vgl. Zuckerman (1987); Gniech/Oetting/Brohl (1993)

Menschen kennen und verdient das Geld, das er zum Leben braucht, mit Surfkursen. Eine feste Beziehung, eine Anstellung oder andere Verpflichtungen meidet er. Stattdessen geht er gerne auf Partys, probiert dort auch gerne mal neue Rauschmittel aus und ist offen für alle Erfahrungen, die er machen kann.

Die Bewertung des Verhaltens und der Entscheidungsmuster von Menschen wirft die Frage auf, wofür eine derartige Messung und Einkategorisierung überhaupt nützlich sein kann. Ausschlaggebend für die Angabe auf der Skala ist dabei eine persönliche Einschätzung des Befragten, diese ist also subjektiv und daher nicht zwingend valide oder reliabel, da bei der Beantwortung emotionale und situative Faktoren eine große Rolle spielen. Dennoch lässt sich anhand des Wertes auf der SSS ableiten, wie risikobereit eine Person ist und wodurch ihre Motivation begründet ist. Dies spielt vor allem in der Gesundheitspsychologie eine große Rolle, da ein hoher Wert auf der SSS mit dem Ausblenden körperlicher Risiken sowie dem Vernachlässigen ärztlicher Vorschriften und notwendiger Untersuchungen einhergehen kann.

Auch lässt sich dadurch herausfinden, wodurch eine Person motiviert werden kann und was sie erfüllt. Für einen TAS wäre ein Bürojob, bei dem er acht Stunden auf einem Stuhl sitzt sicherlich nicht erfüllend. Ebenso ist für einen DS die Nähe zu Kollegen und Kunden wesentlich wichtiger als für andere. Die Tätigkeit eines BS sollte durch Abwechslung und vielfältige sowie steigende Erwartungen und Herausforderungen geprägt sein. Die Zugehörigkeit zu einer bestimmten Kategorie kann großen Einfluss darauf haben, welchen Beruf ein Mensch wählt und wie dieser ausgestaltet sein sollte.

Zusammenfassend ist die Theorie des Sensation Seekings einer der Indikatoren, um menschliches Verhalten zu erklären oder sogar vorherzusagen. Unser persönliches Erregungsniveau bestimmt, was wir tun, ob wir überhaupt handeln und bestimmt daher unsere Entscheidungsfindung stärker, als wir es vermuten.

Literaturverzeichnis

Aronson, E., Wilson, T. D. & Akert, R. M. (2014). *Sozialpsychologie*, 8. Auflage. Hallbergmoos: Pearson.

Becker, B. (2014), *Grundlagen der differentiellen und Persönlichkeitspsychologie*, 1. Auflage, Studienbrief der SRH Hochschule. Riedlingen.

Beniermann, A. & Bauer, M. (Hrsg.). (2019). *Nerven kitzeln – Wie Angst unsere Gedanken, Einstellungen und Entscheidungen prägt*. Nürnberg: Springer Verlag.

Garms-Homolová, V. (2020). *Sozialpsychologie der Einstellungen und Urteilsbildung - Lässt sich menschliches Verhalten vorhersagen?*. Berlin: Springer Verlag.

Gniech, G., Oetting, O. & Brohl, M. (1993). *Untersuchungen zur Messung von Sensation Seeking*. In: Bremer Beiträge zur Psychologie, Band 110. Bremen.

Heckhausen, J. & Heckhausen, H. (Hrsg.). (2018). *Motivation und Handeln*, 5. Auflage. Irvine, USA/Bochum/München: Springer-Verlag.

Jonas, K., Stroebe, W. & Hewstone, M. (2014). *Sozialpsychologie. Eine Einführung,* 6. Auflage. Berlin: Springer.

Kelley, H. (1967). *Attribution theory in social psychology*. In: D. Levine (Ed.), Nebraska Sympo-sium on Motivation. Lincoln.

Kelley, H. (1973). *Process of Causal Attribution*. In: American Psychologist, 28.

Kessler, T. & Fritsche, I. (2018). *Sozialpsychologie*. Jena/Leipzig: Springer Fachmedien.

Orth, H. (2018), *Sozialpsychologie*, 2. Auflage, Studienbrief der SRH Hochschule. Riedlingen.

Raab, G., Unger, A. & Unger, F. (2016). *Marktpsychologie – Grundlagen und Anwendung*, 4. Auflage. Ludwigshafen: Springer Gabler.

Treier, M. (2019). *Wirtschaftspsychologische Grundlagen für Personalmanagement – Fach- und Lehrbuch zur modernen Personalarbeit*. Herdecke: Springer-Verlag.

Von der Assen, C.(2016). *Crash-Kurs Psychologie*. Berlin/Heidelberg: Springer Verlag.

Welte-Bartholdt, C. (2015), *Motivation und Volition*, 1. Auflage, Studienbrief der SRH Hochschule. Riedlingen.

Zuckerman, M. (1987). *A critical look at three arousal constructs in personal theories: Optimal level of arousal, strength of the nervous system, and sensitivities to signals of reward and punishment.* New York.